이상재와 이승훈 등은 대학을 세워
인재를 기르자는 운동을 벌였지만
일본의 방해로 뜻을 이루지 못했어요.
농민과 노동자들은 일본에 맞서 자신의
권리를 찾기 위해 투쟁을 벌여 나갔지요.
학생들 역시 가만히 있지만은 않았어요.
순종의 장례식에 맞춰 만세 운동을 벌였으며,
일본인의 차별에 맞서 대대적인
항일 운동을 펼쳐 나갔어요.

추천 감수 박현숙(고대사)

고려대학교 사범대학 역사교육과를 졸업하고 동 대학원에서 문학박사 학위를 받았습니다. 현재 고려대학교 사범대학 역사교육과 교수로 재직 중이며, 백제 문화와 고대 인물사 등에 대한 활발한 연구를 계속하고 있습니다. 쓴 책으로 〈백제의 중앙과 지방〉, 〈한국사의 재조명〉 등이 있습니다.

추천 감수 정구복(고려사·조선사)

서울대학교 사범대학 역사교육과를 졸업하고 서강대학교에서 문학박사 학위를 받았습니다. 한국학중앙연구원 한국학대학원의 교수로 재직 중이며, 한국학중앙연구원 한국학대학원 원장을 역임하였습니다. 쓴 책으로 〈한국인의 역사 의식〉, 〈역주 삼국사기〉, 〈한국 중세 사학사 1, 2〉 등이 있습니다.

추천 감수 김한종(근현대사)

서울대학교 사범대학 역사교육과를 졸업하고 동 대학원에서 역사교육을 전공하여 문학박사 학위를 받았습니다. 현재 한국교원대학교 교수로 재직 중입니다. 쓴 책으로 〈역사 교육 과정과 교과서 연구〉, 〈역사 교육의 내용과 방법〉(공저), 〈한·중·일 3국의 근대사 인식과 역사 교육〉(공저), 〈역사 교육과 역사 인식〉(공저) 등이 있습니다.

고증 문중양(과학사)

서울대학교 계산통계학과를 졸업하고 동 대학원에서 이학박사 학위를 받았습니다. 쓴 책으로 〈우리 역사 과학 기행〉, 〈우리의 과학문화재〉(공저), 〈세종의 국가 경영〉(공저) 등이 있습니다.

고증 정연식(생활사 및 복식)

서울대학교 국사학과를 졸업하고 동 대학원에서 문학박사 학위를 받았습니다. 쓴 책으로 〈조선 시대 사람들은 어떻게 살았을까?〉(공저), 〈일상으로 본 조선 시대 이야기 1, 2〉 등이 있습니다.

글 김육훈

전국역사교사모임의 창립 회원이며, 2002년부터 4년 동안 회장을 지냈습니다. 대안적 교육 과정과 교과서에 대한 소망을 담아 〈살아 있는 한국사 교과서〉, 〈살아 있는 세계사 교과서〉, 〈우리 아이들에게 역사를 어떻게 가르칠 것인가〉 등을 펴내는 데 참가하였습니다. 학생들이 토론하면서 자기 생각을 만들기 바라며 〈쟁점으로 보는 한국사〉를 펴냈고, 중학교 사회1, 2, 고교 공통 사회 교과서(검정) 집필에 참가하였으며, 고등학교 국사 교과서(국정) 집필에도 참가하였습니다.

그림 김민철

홍익대학교에서 섬유미술을 공부하고 현재 프리랜서 일러스트레이터로 활동하고 있습니다. 그린 책으로 〈화성에 간 내 동생〉, 〈나는 무슨 씨앗일까?〉, 〈지엠오 아이〉, 〈대한민국 사진공화국〉, 〈크레용 왕국의 열두 달〉, 〈단군 신화〉 등이 있습니다.

이미지 제공
연합포토, 중앙포토, 국립중앙박물관, 국립부여박물관, 국립경주박물관, 국립민속박물관, 유연태(사진작가), 허용선(사진작가)

광개토 대왕 이야기 한국사 62 일제 강점기
나라를 구하려고 일어난 학생들

총기획 및 발행인 박연환
발행처 (주)한국헤르만헤세
출판등록 제17-354호
연구개발원 경기도 성남시 분당구 금곡동 444-148
대표전화 (031)715-7722
팩스 (031)786-1100
본사 서울시 송파구 석촌동 7-3
대표전화 (02)470-7722
팩스 (02)470-8338
고객문의 080-715-7722
편집 임미옥, 백영민, 윤현주, 지수진, 최영란
디자인 장월영, 주문배, 김덕준, 김지은

ⓒ Korea Hermannhesse

이 책의 저작권은 (주)한국헤르만헤세에 있습니다. 본사의 동의나 허락 없이는 어떠한 방법으로도 내용이나 그림을 사용할 수 없습니다.

△ 주의 : 본 교재를 던지거나 떨어뜨리면 다칠 우려가 있으니 주의하십시오.
   고온 다습한 장소나 직사광선이 닿는 장소에는 보관을 피해 주십시오.

이 책의 표지는 일반 용지보다 1.5배 이상 고가의 고급 용지인 드라이보드지를 사용해 제작하였습니다. 표지를 드라이보드지로 제작하면 습기의 영향을 덜 받기 때문에 본문 용지가 잘 울지 않고, 모양이 뒤틀리지 않아 책을 오랫동안 보존할 수 있습니다.

이 책은 기존의 석유 잉크 대신 친환경 식물성 원료인 대두유 잉크를 사용하여 인쇄하였습니다. 대두유 잉크는 선진국에서 널리 사용하고 있는 고가의 대체 잉크로, 휘발성이 적어 인쇄 상태의 보존이 용이하고, 인체에 무해할 뿐만 아니라 눈에 부담을 주지 않는 자연스러운 색을 내는 특징이 있습니다.

나라를 구하려고 일어난 학생들

감수 김한종 | 글 김육훈 | 그림 김민철

이야기 한국사 광개토대왕

62 ★ 일제 강점기

한국헤르만헤세

인재가 미래의 희망이다

우리의 힘으로 대학을 세우자

물산 장려회가 만들어질 무렵, 이상재와 이승훈 등 일찍부터
교육에 관심이 많았던 사람들이 한자리에 모였어요.
"나라 안에 대학이 없는 것은 부끄러운 일입니다."
"이건 조선 사람을 대학에 못 다니게 하려는 일본의 속셈이에요."
"맞아요. 대학에 가고 싶으면 일본으로 유학을 가야 합니다.
그런데 돌아올 때면 일본 사람이 다 되어 있으니
조선 사람으로서 교육이 무슨 의미가 있겠습니까?"
"그렇습니다. 우리가 대학을 세워 이 문제를 해결합시다!"
이상재와 이승훈 등은 대학교를 세우자며 뜻을 모았어요.
조선 민립 대학 설립 운동이 그것이었지요.
1923년, 이상재가 단체의 대표가 되었어요.
"대학을 세우려면 대략 1,000만 원쯤 들 것 같습니다.
3년으로 나누어 돈을 모으고, 학교도 차례차례 세우도록 합시다."
이상재와 뜻을 같이하는 사람들은 돈을 모으기 위해 벽보도 붙이고,
선전물도 나누어 주는 한편 강연회도 열었어요.
이 일에는 이상재, 이승훈, 조만식이 앞장을 섰어요.

'우리 민족 1,000만이 한 사람당 1원씩.'
이런 구호를 내걸고 열린 강연회에는 늘 사람이 넘쳐났어요.
대학을 세우려는 운동이 활발해지자 조선 총독부는 긴장을 했어요.
"대학을 세우자며 일본을 반대하는 운동이 퍼지고 있습니다.
이러다가 또 무슨 일이 일어날지 걱정입니다."
"조선에 대학이 없어서 그렇다고 하니
경성(당시의 서울)에 대학을 하나 세우는 게 어떻겠습니까?"
"대학을 세워 놓고 우리 마음대로 운영하면 되지 않습니까?"
일본은 서울에 경성 제국 대학을 세우겠다고 발표했어요.
그런데 이 대학은 조선 학생보다 일본 학생을 더 많이 뽑았고,
교수도 전부 일본인이었어요.

▲ 경성 제국 대학

결국 일본의 방해로 조선 민립 대학은 세워지지 못했어요.
하지만 인재를 길러야 새로운 미래를 만들 수 있고,
공부가 곧 힘이란 생각이 사람들 속에 널리 퍼지게 되었어요.
당시에는 어른들도 글을 모르는 사람이 많았고
학교를 다니는 아이들도 아주 적었어요.
어른들은 자식만은 꼭 학교를 보내고 싶었지만
가난한 살림살이로 쉬운 일은 아니었어요.
게다가 초등학교의 수도 많지 않아 학교를 다니려면
먼 길을 걸어가야 했어요.
이런 사정을 아는 사람들은 밤에 여는 학교,
농사가 없는 계절에만 여는 학교 등 배움을 원하는 사람들의
사정에 맞추어 학교를 열기도 했어요.
글을 아는 청년들이 낮에
일하고 저녁에 학교를
열어 아이들을 가르치며
선생님 역할을 했어요.
이렇게 우리말을 배우고
익히려는 열기는 나라를
되찾기 위한 또 하나의
방법이 되었어요.

날아라 푸른 하늘을

1923년 봄, 방정환은 함께 공부하던 친구들을 불렀어요.
역사를 공부하던 손진태, 음악을 공부하던 윤극영,
문학을 공부하던 윤석중 등 여럿이 한자리에 모였어요.
방정환은 '어린이'란 말을 만든 사람이에요.
'어린이를 바르고 아름답게 키웁시다!'
'어린이의 인격을 존중합시다!'
'이 나라의 장래를 짊어질 어린이가 진실되고 씩씩한 사람이
되었을 때 우리 민족의 앞날은 밝아질 것입니다.'
방정환은 이렇게 주장하며 어린이 운동을 펼쳤지요.
방정환과 친구들은 뜻을 같이하여 색동회를 만들고,
〈어린이〉란 잡지를 펴냈어요.
방정환은 〈어린이〉를 펴내는 데에만 만족하지 않았어요.
1923년 4월 17일, 전국의 소년 운동 단체들이 모인 자리에서
방정환이 말했어요.
"우리가 힘을 합쳐 어린이날 행사를 치렀으면 좋겠습니다."
"어린이날이라고요? 참 좋은 생각입니다."
"올해부터는 모든 소년 단체가 전국에서
동시에 행사를 치렀으면 합니다."

소년 운동 단체들은 어린이날을 5월 1일로 잡고
어린이날 행사를 준비했어요.
드디어 5월 1일, 어린이날 기념 행사가 열렸어요.
이날 어린이를 위한 선언도 발표되었지요.

"어린이를 완전한 인격체로 대우하자."

"열네 살 이하 어린이의 노동을 금지하라."
"집에서나 밖에서나 어린이가 배우고 놀 수 있는 시설을 만들자."
일 년에 하루만이라도 어린이를 귀하게 여기고, 어린이가 주인되는
날을 만들자는 방정환의 활동은 신문을 통해 널리 알려졌어요.
그래서 이듬해부터는 더 많은 지역에서 활발하게
어린이날 행사가 치러졌어요.
3회 어린이날 행사에서는 어린이날의 노래도 발표되었어요.

▲ 방정환 동상

기쁘구나 오늘날 어린이날은
우리들 어린이의 명절날일세
복된 목숨 길이 품고 뛰어 노는 날
오늘은 어린이의 날.

윤극영은 어린이들이 즐겨 부를 노래가 없다는 것을 늘 안타깝게
여겨 '설날'이라는 동요를 발표하기도 했어요.
윤석중은 모두 1,200여 편의 동시를 지었는데, 그중 800여 편이
동요로 만들어져 지금까지도 불리고 있어요.
어린이날 행사가 열리는 곳이 해마다 늘어나고 그 규모도 커지자
일본의 방해도 심해져 1937년에는 모든 어린이날 행사가 금지되었어요.
순수 어린이 잡지였던 〈어린이〉도 펴내지 못하게 했지요.
결국 어린이날 행사는 해방 이후에 다시 열리게 되었고,
날짜도 5월 5일로 바뀌었어요.

▲ 잡지 〈어린이〉의 표지들

나라를 빼앗긴 사람들의 설움

쌀 생산 늘리기 계획

1920년대 일본 총독부에서는 '쌀 생산 늘리기 계획'을 펼쳤어요. 총독인 데라우치는 관리들을 모아 놓고 말했어요.
"조선의 농민들이 쌀을 더 많이 생산하도록 총독부가 나서서 도와주면, 농민들이 총독부를 칭찬할 것이다."
일본의 통치가 조선 사람들에게 도움이 된다는 것을 보여 주어 일본에 대한 반항심을 잠재우려는 속셈이었어요.

농사를 지어 봐야 더 많은 빚에 내몰릴 뿐이니 희망이 없어.

'쌀 생산 늘리기 계획'은 이렇게 시작되었어요.
총독부 관리들은 농민들에게 저수지를 만들게 하고,
비료 사용을 늘리라고 요구했어요.
벼의 품종도 일본 것으로 바꾸게 했지요.
모두 농민들에게는 많은 돈이 들어가는 일이었어요.
총독부 관리들은 이 돈을 은행에서 빌리게 했어요.
그래서 쌀 생산은 늘었지만 농민들은 빚 독촉에 시달리게 되었지요.
비료가 너무 비쌌고, 은행 이자도 높아 감당할 수가 없었던 거예요.
땅 있는 농민은 땅을 팔고, 소작농은 일을 더 많이 해야 했어요.
반대로 농민에게 돈을 빌려 준 은행과
비료를 파는 회사는 많은 이익을 남겼어요.
'쌀 생산 늘리기 계획'은 처음부터 일본에 부족한 쌀을
조선에서 가져가려는 계획이었던 거예요.

원산 총파업

조선인 노동자 열 명 중 여섯 명은 날마다 12시간 이상을 일했어요.
작업 환경도 나빠서 일을 하다가 다치기 일쑤였어요.
원산에 있는 라이징 선이란 석유 회사에도 조선인 노동자가 많았어요.
이 회사의 일본인 감독은 조선인 노동자들을 수시로 때렸어요.
노동자들이 이에 항의하며 일을 하지 않자
회사는 요구를 받아들이겠다고 약속했어요.
그런데 석 달이 지나도록 아무것도 바뀌지 않았고,
오히려 회사에서는 노동자들과 대화도 하지 않겠다고 나섰어요.
"우리가 속은 거야."
"이번에 본때를 보여 줍시다. 우리가 일하지
않는데도 회사가 돈을 벌 수 있는지……."
노동자들은 거리 행진을 벌이면서 일본인
사장의 잘못과 자신들의 주장을 실은

파업을 당장 중지하라. 그러지 않으면 모두 체포하겠다!

선전물을 나누어 주었어요.
라이징 선의 투쟁은 다른 회사 노동자의 투쟁으로 확대되었어요.
그러나 군대와 경찰까지 동원한 조선 총독부를 꺾기는 힘들었어요.
결국 원산 노동자들의 투쟁은 석 달 만에 실패로 끝나고 말았어요.
이 일로 일본이 다스리는 한, 우리 민족의 권리를 지키고 살기
어렵다는 것을 깨달은 사람들은 정든 고향을 떠나
만주나 러시아, 일본 등으로 건너갔어요.

관동 대지진과 타향살이

1923년 9월 1일, 일본 도쿄 인근에서 큰 지진이 일어났어요.
대부분의 건물이 부서지고 철도와 도로도 모두 망가졌어요.
수도와 전기도 끊기고, 도시 곳곳은 불길에 휩싸였어요.
죽거나 시신조차 찾을 수 없는 사람만도 14만 명이 넘었지요.
이 사건을 관동 대지진이라고 해요.
지진으로 큰 피해를 입자 일본 사람들은 정부를 호되게 나무랐어요.
"지진에 대비하지 못한 정부는 반성하라."
"정부는 지진 피해에 대한 보상을 실시하라!"
궁지에 몰린 일본 정부는 헛소문을 퍼뜨렸어요.
"조선인들이 폭동을 일으켜 일본인을 죽이고 재산을 빼앗는다."
"불을 지르고 우물에 독을 푸는 조선인을 여럿 체포했다."
이런 소문은 일본 사람들을 흥분하게 만들었어요.
일본 군인과 경찰은 몰래 폭발물을 터뜨리거나
우물에 독을 푸는 짓까지 저지르며 일본 사람들을 부추겼어요.
일본 사람들은 마을마다 자경단을 만들어 조선인을 찾아 나섰어요.
"당신, 조선 사람이지?"
"아, 아, 아니오……."
그들은 지나가는 사람을 불러 세워 조선 사람인지 확인하고는
일본 말이 서툴거나 조선 사람이라고 말하면 그 자리에서 죽였어요.

남자와 여자, 어린이를 가리지 않았으며
조선 사람이 많이 살던 지역은 마을 전체를 불태웠어요.
무려 6,000여 명의 조선 사람이 죽고 이보다 훨씬 더 많은 사람이
가족과 재산을 잃었어요.
나라를 잃은 민족의 서러움이 얼마나 큰지를 보여 준 사건이었지요.
나라 없는 설움은 만주나 러시아에 사는 사람도 마찬가지였어요.
만주의 조선 사람들은 대부분 중국인에게서
땅을 빌려 농사를 지어야 했어요.
그런데 중국 관리들이 조선 사람을 못살게 구는 일이 많았어요.
또, 마적이라 불리는 도적 떼들이 조선인 마을을 공격하여
사람을 죽이고 재산을 빼앗아 가기도 했어요.
일본군도 독립군을 찾는다며 불쑥 들이닥치곤 했지요.

▲ 관동 대지진 때 죽임을 당한 조선인들

"독립군이 있는 곳을 대라!"

일본군은 막무가내로 독립군을 찾아내라고 생떼를 부렸어요.

"모릅니다, 독립군을 본 적이 없어요."

"거짓말 마라, 독립군을 숨겨 주고 있다는 걸 안다!"

일본군은 죄 없는 조선 사람을 죽였어요.

독립군이 몰래 도움을 청할지 모른다는 이유로

조선인 마을을 불태우기도 했어요.

러시아에도 20만 명에 가까운 조선 사람이 고려인으로 불리며

살고 있었어요.

이들 중에는 자기 땅에서 농사를 짓는 사람도 많았고,

도시에서 장사를 하면서 살아가는 사람도 있었어요.

1917년에 혁명이 일어나 러시아가 소련으로 바뀌자

많은 조선인이 소련을 도왔어요.

▲ 두만강 나루터에서 일본 헌병의 검문을 받고 있는 동포들

이때 우리 동포들은 살길을 찾아 해외로 건너갔어요.

그러나 연해주에 조선인이 너무 많다고 생각한 소련은
1927년부터 조선 사람들을 여러 곳으로 나누고, 조선에서 멀리
떨어뜨려 놓으려는 계획을 세웠어요.
이 소문은 조선인에게 충격이었어요.
"얼마나 애써서 일구어 놓은 터전인데······."
"겨우 여기서 살 만한데, 또 어디로 가라는 거야!"
소련을 도왔던 소설가 조명희는 지역의 관리를 찾아갔어요.
"조선 사람은 이곳에서 계속 살고 싶어 합니다.
많은 조선 사람이 소련을 도왔으니 우리의 뜻을 들어주십시오."
그러나 소련의 관리는 딱 잘라 거절했어요.
"미안하오. 정부가 결정한 일이라 어쩔 수 없소."
며칠 뒤 조명희와 다른 지도자들은 소련군에게 끌려가
돌아오지 못했어요.
1937년 9월, 조선 사람들은 눈물을 흘리며 기차를 타야 했어요.
기차의 짐칸에 실려 40여 일을 여행한 끝에 도착한
곳은 중앙아시아의 우즈베키스탄과
카자흐스탄이었어요.
얼마나 척박하고 살기 힘든 곳이었는지
겨울이 지나자 조선 사람들의 수가
20만 명에서 18만 명으로 줄었어요.

다시 독립 만세를 부르다

6·10 만세 운동

1926년 4월, 조선의 마지막 왕인 순종이 세상을 떠났어요.
16년을 창덕궁에 갇혀 있다시피 했던 순종의 죽음은
나라를 빼앗긴 현실을 다시 생각하게 했어요.
순종의 시신을 모셔 둔 곳에 많은 사람이 모여들었고,
6월 10일에 있을 장례식에는 더 많은 사람이 참가할 기세였어요.
이때 연희 전문학교를 다니던 이병립과 학생 과학 연구회는
순종의 장례식을 다른 방식으로 준비하고 있었어요.
장례식을 20여 일 앞두고 이들은 박하균의 하숙집에서 몰래 만났어요.
"이 기회를 제2의 3·1 운동으로 만들어야 해."

▲ 순종의 장례 행렬

"제2의 3·1 운동이라……."
모임이 끝난 후 이병립과 박하균은 준비에 들어갔어요.
필요한 돈을 마련하고 시위에 쓸 알림 쪽지를 만들었어요.
3·1 운동을 하다 감옥살이를 한 권오설의 생각도 비슷했어요.
서울에서 청년 단체를 이끌던 권오설은 6월 10일에
대규모 시위를 벌일 계획이었어요.
서로 알지 못했지만 이들의 마음은 같았던 거예요.
일본인 역시 조선 사람들이 순종의 장례식 날인 6월 10일을
그냥 넘기지 않을 거라는 걸 알고 있었어요.
그래서 많은 군대와 경찰을 풀어 시위를 막기로 했어요.
드디어 6월 10일의 날이 밝았어요.
창덕궁에는 흰옷을 입은 사람이 구름같이 모여들었어요.
아침 8시, 순종의 상여가
창덕궁을 나섰어요.
수많은 사람이 순종의 마지막
가는 길을 지켜보았어요.
그러나 무려 5,000여 명의
군인과 2,000여 명의 경찰이
감시하고 있어 눈물마저 마음껏
흘릴 수 없었어요.

일본 경찰은 왜 순종의 장례식을 감시했어?

장례식을 계기로 큰 저항 운동이 일어날 것을 염려해서였지.

8시 15분, 상여가 종로로 접어들 때였어요.

갑자기 한 학생이 상여 앞쪽으로 뛰어나왔어요.

"2,000만 동포여, 일본을 몰아내자! 조선 독립 만세!"

상여를 따라오던 군인과 경찰은 얼른 그 학생을 잡아챘어요.

사람들 사이에서 수십 명의 학생들이 더 큰 목소리로 외쳤어요.

"만세, 조선 독립 만세!"

"조선 민족이여, 우리의 원수는 일본이다. 죽음을 각오하고 싸우자!"

갑작스러운 태극기의 물결에 일본 군인과 경찰들은 당황했어요.

며칠 전 시위를 준비하던 권오설과 그 동지들을 체포하고

시위 때 쓰려던 알림 쪽지 수만 장을 빼앗았기 때문이에요.

슬픔에 찬 눈으로 상여를 지켜보던 군중들도 따라 외쳤어요.

그러나 많은 군인과 경찰이 힘으로 눌러 시위는 오래가지 못했어요.

상여는 다시 천천히 길을 떠났어요.
8시 45분, 9시 30분에 학생들이 잇달아 시위를 했어요.
오후에도 여섯 차례의 시위가 더 벌어졌어요.
매를 맞고 끌려가 감옥살이를 하거나 어쩌면 죽을 수도 있었지만
많은 학생들이 기꺼이 만세 시위를 이끌었어요.
이것이 3·1 운동의 정신을 다시 한 번 되살린 6·10 만세 운동이에요.

우리의 원수는 일본이야. 일본을 몰아내야 해.

광주 학생 항일 운동

1929년 10월 30일, 광주 고등 보통학교에 다니던 박준채는
여느 날과 같이 사촌 누이 박기옥과 함께 열차를 탔어요.
둘은 날마다 기차를 타고 광주에 있는 학교에 다니고 있었어요.
박준채가 차창 밖 풍경을 바라보며 생각에 잠겨 있을 때
갑자기 열차 안이 시끄러워졌어요.
"와아, 예쁜데. 나도 한번 만져 보자."
"왜 이래요. 이거 놓지 못해요?"
일본 학생 몇 명이 박기옥의 머리를 만지며 놀리고 있었어요.
박준채는 피가 거꾸로 솟는 것 같았어요.
"무슨 짓이야?"
박준채는 소리를 지르며 달려갔어요.

▲ 이광춘(왼쪽)과 박기옥

달려가는 그를 또 다른 학생이 막아섰어요.

그들은 광주 중학교에 다니는 일본 학생들이었어요.

"넌 뭔데? 네 여자 친구라도 되나?"

"물러서지 못해?"

박준채는 막아서는 학생을 밀며 가까이 갔어요.

바로 그때 차장이 다가왔어요.

"자, 자, 학생들 모두 그만둬라."

일본 학생이 주춤하는 사이 박기옥은 얼른 자리를 피했어요.

어느덧 열차가 광주역에 도착했어요.

열차가 서자 박준채는 얼른 내려 일본 학생들을 기다렸어요.

잠시 후 누이를 놀리던 일본 학생이 친구 몇 명과 걸어 나왔어요.

"어이 너, 아까 한 짓 사과해!"

▲ 광주 고등 보통학교와 광주 중학교 충돌 사건을 보도한 동아일보 기사

광주 고보는 조선인 학교였어.

"이 건방진 조센징!"

박준채가 따지려는 순간 일본 학생이 주먹을 휘둘렀어요.

"아니, 이 자식이!"

박준채도 주먹을 날렸어요.

구경하던 일본 학생들이 박준채에게 몰려들었어요.

조선 학생들도 너나 할 것 없이 달려들었어요.

조선 학생과 일본 학생들 간의 싸움은 경찰이 온 뒤에야 멈추었어요.

조선 학생들 수십 명이 끌려갔지만 일본인 학생은 7명만 끌려갔고,

그나마도 곧 풀려났어요.

그날 저녁 신문에는 조선 학생만 탓하는 기사가 실렸어요.

조선인 학생들은 분해서 그냥 넘길 수가 없었어요.

11월 3일, 광주 고보 학생들은 일본 학생들 편을 든

신문사를 공격했어요.

그리고 광주 고보 학생과 광주 중학생 수십 명이 큰 싸움을 벌였어요.

"조센징들이 감히 일본인을 무시했다. 가자!"

"남의 나라에 와 설쳐 대는 놈들에게 따끔한 맛을 보여 주자!"

작은 다리를 사이에 두고 100여 명의 학생들이 충돌하려는 순간,

경찰과 소방대, 학교 직원들이 나타나는 바람에 일단 학교로

돌아갈 수밖에 없었어요.

전교생 대부분이 모인 상태에서 광주 고보 학생들은

거리로 나가 시위를 벌이기로 했어요.

"조선인에 대한 차별을 중지하라!"

"거짓 보도를 일삼는 신문들은 잘못을 반성하라!"

300여 명의 학생들이 거리에 나서자 광주 농업 학교,
광주 사범 학교 학생들도 뜻을 모아 그들과 함께했어요.

학생들은 조선 학생을 차별한 기차역 직원과 경찰에게
강력하게 항의했어요.

그러자 교육청은 휴교령을 내려 등교를 금지하고
시위에 앞장 선 학생을 잡아갔어요.

친구들이 잡혀가자 학생들도 가만있지 않았어요.

"친구들이 철창 속에서 고통받고 있습니다. 거리로 나가 경찰의 사과를 받고 친구들을 구해 냅시다!"

▲ 광주 학생 항일 운동 기념탑

학교 문이 다시 열리자 학생들은 거리 행진에 나섰어요.
"잡혀간 학생들을 우리 손으로 구해 내자!"
"조선인을 위한 교육을 실시하라!"
학생들은 시민들에게도 함께하기를 호소했어요.
"조선 사람들이여, 다 같이 일어나라!"
"나쁜 짓을 한 광주 중학교를 폐쇄하라!"
학생들이 거리로 쏟아져 나오자
일본인은 자취를 감추었고, 대신 경찰들이 나타났어요.
"모조리 잡아들여!"
시위는 300여 명에 가까운 학생들이 끌려가면서 끝이 났어요.
끌려간 학생들 중 200여 명이 감옥살이를 하였고, 시위 참가자 전원이
무기정학을 받는 등 큰 어려움을 겪었어요.

이들의 저항은 온 나라로
퍼져 이듬해 2월까지
전국의 149개에
이르는 학교에서
5만 4,000명이 넘는
학생들이 거의 날마다
조선의 독립을
외쳤어요.

▲ 광주 학생 항일 운동 재현 조형물

민족의식을 북돋우다

3·1 운동을 겪으면서 우리나라 사람들의 의식이 많이 달라졌어요. 해외로 나가 본격적인 독립운동을 하는가 하면 국내에서는 문학과 예술로 독립의 열망을 표현했어요. 사람들은 문학 작품이나 영화를 보며 답답한 마음을 위로받았어요. 일제에 맞서는 저항 의식이 담긴 작품은 큰 인기를 끌었답니다.

독립의 염원을 담은 문학 작품

신문과 잡지가 창간되면서 작가들은 활발한 창작 활동을 했어요. 수많은 시와 소설들이 발표되었는데 당시 우리나라의 현실을 담은 내용이 대부분이었어요.
한용운의 〈님의 침묵〉, 김소월의 〈진달래꽃〉, 이상화의 〈빼앗긴 들에도 봄은 오는가〉, 심훈의 〈그날이 오면〉 등은 독립의 염원을 담은 대표적인 시랍니다.
또 심훈의 〈상록수〉는 농촌 계몽 운동의 현실을 잘 표현한 소설이에요.

▲ 서울 남산에 있는 소월 시비

예술로 민족 운동을 벌이다

독립을 향한 열망을 담은 영화들이 제작되었어요. 1926년에 개봉된 〈아리랑〉은 지주의 횡포에 시달리는 소작농들의 이야기를 담아 많은 사람들의 마음을 울렸어요.
방정환은 어린이 문제 연구 단체인 '색동회'를 조직하고 어린이 문화 운동의 하나로 1923년 3월에 우리나라 최초로 어린이 잡지인 〈어린이〉를 발행했어요. 또 동요 '고향의 봄', 동화 '호랑이와 곶감', 동시 '까치까치 설날' 등을 선보였지요. 어린이 존중 사상을 사회 전반에 퍼뜨림으로써 어린이 운동이 곧 민족 운동임을 일깨우려고 했어요.

▲ 우리나라에서 제작된 최초의 영화, 〈아리랑〉

🌸 나라 잃은 백성들에게 금메달을 안겨 주다

1936년에 열린 제11회 베를린 올림픽에서 기쁜 소식이 들려왔어요. 우리나라 손기정 선수가 마라톤 경기에서 1등을 차지한 거였어요. 우리나라 사람들은 일본에 억눌려 있던 답답한 마음이 풀리는 기분이었지요. 비록 가슴에는 일본의 국기인 '일장기'가 달려 있었지만 우리 민족임에 틀림없었으니까요. 동아일보와 조선중앙일보는 일부러 일장기를 지운 손기정 선수의 사진을 실었어요. 이 일로 신문사 사장과 일장기를 지운 기자들은 처벌받았어요.

▲ 마라톤의 영웅, 손기정

🌸 민족의 자존심을 지키기 위한 노력

일본은 식민지 지배를 정당화하기 위해 우리나라 역사를 왜곡했어요. 우리나라 역사학자들은 일본의 거짓을 밝히고 우리 역사를 바로 세우기 위해 노력했어요.
역사를 바로 알아야 민족혼이 사라지지 않는다고 믿었기 때문이에요. 박은식은 〈한국통사〉를 써서 일본이 우리나라를 침략한 과정을 밝혔고, 신채호는 자주적인 민족정신을 일깨우려고 노력했어요.

▲ 〈한국통사〉를 지은 박은식의 묘

한국사 돋보기 — 무궁화에 담긴 깊은 뜻은?

무궁화는 새벽에 피었다가 저녁에 지고, 그 다음 날 다시 새로운 꽃이 피어나요. 7월부터 10월까지 날마다 쉬지 않고 꽃을 피운답니다. 그래서 '끝이 없다, 무궁무진하다'는 뜻으로 '무궁화'라고 불리게 되었어요. 우리 민족은 무궁화의 강한 생명력을 소중히 여겨 무궁화를 우리나라를 상징하는 꽃으로 여겼어요. 일제 강점기 때 일본은 우리의 민족혼을 없애려는 방법으로 무궁화를 없애려고 했어요. 하지만 우리 민족은 끝까지 무궁화를 지키기 위해 애썼답니다.

> 애국가에도 '무궁화 삼천리 화려 강산'이라는 가사가 있어.

신여성의 눈부신 활약

여성의 사회 진출이 활발해지면서 남성 못지않게 이름을 날린 여성들이 많았어요. 그런 여성들을 '신여성'이라고 해요. 독립 운동가로 이름을 날리기도 하고 문화·예술 분야에서 뛰어난 활약을 하기도 했답니다.

🌸 최초의 여자 비행사, 권기옥

권기옥은 임시 정부의 추천으로 1924년 초, 중국 윈난 항공 학교에 입학했어요. 비행 학교에 입학해서 비행술을 배우면 독립운동에 참여할 수 있었기 때문이에요. 우수한 학생이었던 권기옥은 1925년 1기생으로 졸업하여 여성으로서는 우리나라 최초의 비행사가 되었지요.
그 이후로 중국에 머물며 비행사로서 꾸준히 독립운동을 전개했어요.

🌸 우리나라 최초의 여기자, 최은희

조선일보사의 기자였던 최은희는 취재를 할 때만큼은 남자들보다 용감했어요. 취재를 위해서는 변장하는 것도 마다하지 않았지요. 그녀의 적극적인 활동에 남자 기자들도 감탄할 정도였대요.
또 새로운 옷이 유행하면 누구보다 먼저 입어 볼 정도로 세련된 감각을 가지고 있었어요. 그녀를 기리기 위해 1983년에 '최은희 여기자상'이 만들어졌어요.

🌸 세계를 감탄시킨 무용가, 최승희

최승희는 8·15 광복 이전의 우리나라 무용계를 이끌어 간 사람이에요. 제1회 신작 발표회에서 우리나라 최초의 독자적인 춤 공연을 펼쳤어요. 이후 일본에서 연 무용 발표회의 성공으로 세계적인 무용가가 되었지요. 그녀는 해외 공연을 할 때 자신을 언제나 '코리언 댄서'라고 소개했다고 해요. 우리나라를 식민지로 만든 일본의 댄서로 오해받기 싫다는 강한 의지의 표현이었지요.

한눈에 보는 연표

 우리나라 역사  세계 역사

1921

방정환, 어린이날 제정 ➡ **1922** ⬅ 이탈리아, 무솔리니 내각 성립
　　　　　　　　　　　　　　　　　소비에트 연방 성립

상하이에서 국민 대표회 개최 ➡ **1923** ⬅ 일본, 관동 대지진
신채호, 조선 혁명 선언서 작성　　　　　　　터키 공화국 수립

> 방송국을 세운 것도 우리나라를 통치하기 위한 수단이었지.

경성 방송국
1927년 2월 16일 오후 1시에 조선 총독부가 설립한 경성 방송국이 이 땅에 첫 전파를 발사했어요.

김좌진 등 신민부 조직 ➡ **1924** ⬅ 중국 국민당과 중국
　　　　　　　　　　　　　　　　　공산당, 제1차 국공 합작

정의부 조직 ➡ **1925** ⬅ 영국의 베어드, 텔레비전 발명

6·10 만세 운동 ➡ **1926** ⬅ 중국 장제스, 북벌 시작
영화 〈아리랑〉 개봉

텔레비전
베어드는 최초의 기계식 텔레비전을 개발했으나, 전자식 텔레비전이 너무 빨리 등장한 탓에 빛을 보지 못한 채 역사 속으로 사라졌어요.

서울 YMCA에서 신간회 조직 ➡ **1927** ⬅ 미국의 린드버그, 대서양
경성 방송국 방송 시작　　　　　　　　　무착륙 횡단 비행 성공

> 1929년, BBC에서 베어드 텔레비전을 이용해 세계 최초로 TV 방송을 했대.

이동녕, 안창호 등 ➡ **1928**
한국 독립당 조직

◀ 린드버그의 대서양 횡단을 기념하는 50주년 기념 우표

원산 노동자 총파업 ➡ **1929** ⬅ 세계 경제 공황
광주 학생 항일 운동　　　　　　　예루살렘, 아랍 인이 대규모로
　　　　　　　　　　　　　　　습격하여 유대 인 다수가 죽음
　　　　　　　　　　　　　　　(통곡의 벽 사건)

▲ 김좌진 동상